ALICERCES DE VIDA

ALICERCES DE VIDA

Fundamentos extraídos da Mensagem do Graal,
"NA LUZ DA VERDADE", de Abdruschin

ORDEM DO GRAAL NA TERRA

Textos extraídos da Mensagem do Graal,
"NA LUZ DA VERDADE", de Abdruschin.

Editado pela
ORDEM DO GRAAL NA TERRA
Rua Sete de Setembro, 29.200
06845-000 – Embu das Artes – São Paulo – Brasil
www.graal.org.br

1ª edição 2005
2ª edição, 2ª tiragem: 2019

Dados Internacionais de Catalogação na Publicação (CIP)
(Câmara Brasileira do Livro, SP, Brasil)

Abdruschin, 1875 – 1941.
 Alicerces de Vida / Abdruschin. – 2ª ed. – Embu das Artes, SP : Ordem do Graal na Terra, 2019.

 ISBN 978-85-7279-086-4

 1. Espiritualidade 2. Filosofia de vida
 3. Pensamentos. 4. Reflexões I. Título.

14-12479   **CDD-128.2**

Índices para catálogo sistemático:
1. Espiritualidade humana: Filosofia 128.2

Impresso no Brasil
Papel certificado, produzido
a partir de fontes responsáveis

QUEM
NÃO SE ESFORÇA
PARA COMPREENDER DIREITO
A PALAVRA DO SENHOR,
TORNA-SE CULPADO!

Abdruschin

Só pode progredir espiritualmente quem se movimenta por si. O tolo, que se serve das formas já prontas das concepções alheias, como meio de auxílio, segue seu caminho como que se apoiando em muletas, enquanto seus próprios membros sadios permanecem inativos.

(Introdução • vol. 1)

O CAMINHO para a Luz deve cada qual vivenciar dentro de si, descobri-lo *pessoalmente*, se desejar percorrê-lo com segurança. Somente aquilo que o ser humano vivencia e sente intuitivamente com todas as mutações é que compreendeu plenamente!

(Despertai! • vol. 1)

A DOR e também a alegria batem continuamente à porta, estimulando, sacudindo para um despertar espiritual. Durante segundos fica então o ser humano muitas vezes libertado das futilidades da vida cotidiana e presente, tanto na felicidade como na dor, ligação com o espírito que perpassa tudo o que é vivo.

(Despertai! · vol. 1)

Não existe o Aquém e o Além, mas sim apenas uma existência una! A noção de separação foi inventada apenas pelo ser humano, por não poder ver tudo e se considerar o ponto central e principal do âmbito que lhe é visível. Mas o círculo de sua atividade é maior. Com o conceito errôneo de separação, ele apenas se restringe, violentamente, impedindo seu progresso, e dá ensejo a fantasias desenfreadas, originando imagens disformes.

(Despertai! • vol. 1)

Q UANDO tiverdes finalmente compreendido a Criação como um todo que ela é, quando não fizerdes nenhuma separação entre o Aquém e o Além, então tereis o caminho reto, o alvo verdadeiro estará mais próximo, e a ascensão vos causará alegria e satisfação. Podereis então sentir e compreender muito melhor os efeitos da reciprocidade que pulsam, cheios de vida, através de todo o conjunto uniforme, pois toda a atuação é impulsionada e mantida por aquela força única. A Luz da Verdade irromperá assim para vós!

(Despertai! · vol. 1)

NO UNIVERSO age uma lei eterna: Somente dando pode-se também receber, quando se trata de valores permanentes! Isso penetra tão fundo, traspassa a Criação toda, como um legado sacrossanto do seu Criador. Dar desinteressadamente, ajudar onde for necessário, ter compreensão pelo sofrimento do próximo, bem como por suas fraquezas, chama-se receber, pois esse é o caminho reto e verdadeiro para o Altíssimo!

(Despertai! • vol. 1)

CONSERVAI puro o foco dos vossos pensamentos, com isso estabelecereis a paz e sereis felizes!

(Despertai! • vol. 1)

CRER sem compreender é apenas preguiça e apatia mental! Isso não eleva o espírito, pelo contrário, oprime-o. Por conseguinte, levantemos o olhar, devemos pesquisar e analisar. Não é à toa que existe dentro de nós o impulso para isso.

(Despertai! • vol. 1)

É TOLICE falar de golpes do destino ou provações. Cada luta e cada sofrimento é *progresso*. Com isso o ser humano terá ensejo de anular sombras de culpas anteriores, pois nenhum centavo pode ser perdoado para cada um, porque o circular de leis eternas no Universo é também aqui inexorável, leis nas quais se revela a vontade criadora do Pai, que assim nos perdoa e desfaz todas as trevas.

(Despertai! · vol. 1)

FORÇA de vontade! Um poder não pressentido por tantas pessoas que, como um ímã que nunca falha, atrai as forças iguais, fazendo-as crescer como avalanches, e unida a outros poderes espirituais semelhantes atua retroativamente, atinge novamente o ponto de partida, portanto a origem, ou, melhor ainda, o gerador, e o eleva para a Luz ou o arremessa mais profundamente ainda na lama e na sujeira! Conforme a espécie que o próprio autor desejou anteriormente.

(Despertai! • vol. 1)

Um ser isolado não pode oferecer-te a perfeição, mas sim a humanidade toda, na pluralidade de suas características! Cada qual tem algo que pertence de maneira incondicional ao conjunto. Daí acontecer também que uma pessoa que já atingiu amplo progresso, já não conhecendo mais nenhuma cobiça terrena, sinta amor pela humanidade inteira, e não por um ser isolado, visto que somente a humanidade toda consegue fazer vibrar em harmoniosa sinfonia celestial as cordas de sua alma amadurecida, libertadas através da purificação. Traz harmonia dentro de si, porque todas as cordas vibram!

(O silêncio • vol. 1)

NENHUM ser humano pode se esquivar das leis da natureza, ninguém consegue nadar em sentido contrário a elas. Deus é a força que impulsiona as leis da natureza, a força que ninguém ainda compreendeu, que ninguém viu, mas cujos *efeitos* cada um, dia a dia, hora a hora, até mesmo nas frações de todos os segundos, tem de ver, intuir, observar, se apenas *quiser* ver, em si próprio, em cada animal, cada árvore, cada flor, cada fibra de uma folha, quando irrompe do invólucro para chegar à luz.

(O silêncio • vol. 1)

A VERDADE nunca deixou de ser o que foi outrora e que ainda é hoje e há de ser daqui a dezenas de milênios, já que é eterna!

(O silêncio · vol. 1)

Quer digas: Submeto-me voluntariamente às leis vigentes da natureza, porque elas são em meu benefício, ou quer digas: Submeto-me à vontade de Deus, que se revela nas leis da natureza ou na força inconcebível que impulsiona as leis da natureza… ocorre alguma diferença na atuação delas? A força aí está e tu a reconheces, *tens* de reconhecê-la, sim, já que não te resta alternativa, tão logo reflitas um pouco… e com isso reconheces teu Deus, o Criador!

(O silêncio • vol. 1)

PROCURA jamais deixar de atentar que todas as consequências do teu pensar recaem sempre sobre ti, segundo a força, o tamanho e amplitude *dos efeitos* dos pensamentos, tanto no bem como no mal.

(O silêncio · vol. 1)

DECORRENTE de lei eterna, uma pressão de expiação inalterável pesa sobre vós, a qual nunca podereis passar para outros. O que carregais mediante vossos pensamentos, palavras ou ações, ninguém mais, senão vós próprios, pode resgatar! Ponderai bem, pois de outro modo a justiça divina seria apenas um som oco, caindo tudo o mais consigo em ruínas.

(Ascensão · vol. 1)

PONDERAI que cada passagem pela Terra é uma breve escola, que não termina para vós com a desencarnação. Vivereis continuamente ou morrereis continuamente! Usufruireis felicidade contínua ou sofrimento contínuo.

Quem supuser que com o sepultamento terreno também para ele está tudo terminado, tudo remido, que se afaste e prossiga seu caminho, pois com isso somente quer iludir-se a si próprio. Apavorado ficará depois diante da verdade... *obrigado* a começar seu caminho de sofrimento! Seu verdadeiro eu, desprovido do invólucro de seu corpo, cuja densidade o envolveu como uma muralha, será então atraído por sua espécie semelhante, cercado e segurado.

(Ascensão · vol. 1)

COM vossa *maneira de ser,* deveis dar ao vosso próximo! Não, por acaso, com dinheiro ou bens. Pois assim os pobres ficariam privados da possibilidade de dar. E nesse modo de ser, nesse "dar-se" no convívio com o próximo, na consideração, no respeito que vós lhe ofereceis espontaneamente, está o "amar" de que nos fala Jesus, está também o auxílio que prestais ao vosso próximo, porque nisso ele se torna capaz de modificar-se por si mesmo ou prosseguir em direção ao alto, porque nisso ele pode fortalecer-se.

(Ascensão • vol. 1)

IMACULADA concepção é uma concepção no mais puro amor, fazendo contraste com uma concepção em prazer pecaminoso! Mas não existe nascimento terreno sem geração.

(Culto · vol. 1)

RECOMPENSA e castigo para o ser humano estão no tecer da Criação, que é conduzido de modo constante e imutável pela própria vontade de Deus. Nisso reside também a condenação ou salvação! É inexorável e justo, sempre objetivo, sem arbitrariedades.

(Culto • vol. 1)

ERGUEI vosso espírito, principiai a pensar e falar com *visão ampla* e total! Isto condiciona naturalmente também que trabalheis não somente com o raciocínio, que faz parte da matéria mais grosseira, como também que deis novamente a vosso espírito as possibilidades de guiar vosso raciocínio, que deve servi-lo, conforme as determinações de vosso Criador, que desde o início vos deixou surgir sem mácula aqui na Terra.

(Enrijecimento · vol. 1)

"Todo aquele que ao agir reflete que não deve causar dano a seu semelhante, o qual nele confia, nem empreender nada que possa oprimi-lo, então acabará agindo sempre *de forma* a permanecer espiritualmente sem carga de culpas e por essa razão poderá realmente ser chamado casto!"

(Castidade · vol. 1)

SE PUDÉSSEIS *ver,* uma só vez que fosse, como para cada pensamento individual, por vós nutrido, se cumpre sem cessar a inflexível justiça da sacrossanta vontade de Deus, nas leis automáticas da Criação, esforçar-vos-íeis com toda a energia para conseguir pureza em vosso pensar!

(O primeiro passo · vol. 1)

O MUNDO não é infinito. É a Criação material, isto é, a *obra* do Criador. Como todas as demais, essa obra se acha *ao lado* do Criador e é, como tal, limitada.

(O mundo • vol. 1)

ETERNO e sem fim, isto é, infinito, é apenas o *movimento circular* da Criação, no seu ininterrupto formar, perecer, para outra vez tomar nova forma.

(O mundo · vol. 1)

O JUÍZO Final, isto é, o *último* Juízo, chegará uma vez para *cada* corpo sideral material, porém esse acontecimento não ocorre ao mesmo tempo em toda a Criação.

(O mundo · vol. 1)

CADA hora da existência terrena se torna mais preciosa do que nunca. Que todo aquele que quer procurar e aprender com sinceridade se desprenda com todos os esforços dos pensamentos baixos que o agrilhoam às coisas terrenas. Do contrário, correrá o perigo de permanecer aderido à matéria e de com ela se vir arrastado à dissolução total.

(O mundo • vol. 1)

O SINCERO anseio pela Verdade e a Luz tornará cada um espiritualmente mais puro e assim mais luminoso, devido à sua concomitante modificação, de modo que essa circunstância o desligará natural e gradativamente da densa matéria grosseira e o impulsionará em direção às alturas, conforme sua pureza e leveza.

Aquele, porém, que se apega e só crê na matéria vai se tornando, devido às suas convicções, aderido a ela e assim permanece agrilhoado, não podendo por isso ser levado para o alto. É através da decisão do livre-arbítrio de cada um que se opera a separação entre os que se esforçam para a Luz e os que permanecem ligados às trevas, de acordo com as leis vigentes naturais da gravidade espiritual.

(O mundo · vol. 1)

O ASSIM chamado Juízo Final, isto é, o último Juízo, é, por conseguinte, também um processo que se realiza naturalmente pela atuação das leis que regem a Criação, de maneira tal, que nem poderia dar-se diferentemente. O ser humano recebe também aqui sempre apenas os frutos daquilo que ele próprio quis, e que provocou mediante suas convicções.

O saber de que tudo o que ocorre na Criação se realiza segundo a mais severa consequência lógica, de que a diretriz do destino humano é sempre decorrente do próprio ser humano, conforme seus desejos e sua vontade, e de que o Criador não interfere observando, a fim de recompensar ou castigar, não diminui a grandeza do Criador, mas sim somente pode dar motivo para imaginá-lo ainda muito mais sublime.

(O mundo • vol. 1)

GRANDE é também o ser humano, colocado como tal dentro da Criação, como senhor do seu próprio destino! Pode ele, por si, mediante sua vontade, salientar-se na obra e contribuir para seu mais elevado desenvolvimento; como também pode degradá-la e nela enredar-se, sem jamais poder desvencilhar-se, acompanhando-a na dissolução, quer seja no mundo de matéria grosseira, quer no de matéria fina[*].

(O mundo · vol. 1)

---

[*] *Nota da Editora:* para melhor compreensão de diversas expressões deste livro, leia a obra "NA LUZ DA VERDADE", Mensagem do Graal, de Abdruschin.

SOMENTE as coisas impossíveis exigem crença cega sem reservas, pois cada possibilidade estimula imediatamente o pensar individual. Onde existe a Verdade, que sempre mostra a naturalidade e as consequências lógicas, aí se inicia o pensar e, automaticamente, também a reflexão intuitiva. Cessa somente quando já não existe mais nada natural, onde, portanto, já não se encontra a Verdade. E *apenas* através da reflexão intuitiva pode uma coisa tornar-se convicção, a qual, unicamente, traz valor ao espírito humano!

(A estrela de Belém • vol. 1)

DESPERTAI finalmente de vossos sonhos, tornai-vos *verdadeiros!* Seja-vos declarado mais uma vez que é impossível, segundo as leis da Criação, que possam nascer corpos humanos terrenos sem que antes tenha havido geração de matéria grosseira, assim como é impossível que um corpo de matéria grosseira seja levado para o reino de matéria fina depois de sua morte terrena e muito menos ainda para o reino enteal ou mesmo espiritual! E como Jesus tinha de nascer aqui na Terra, tal fato teve de ficar submetido também à lei de Deus de matéria grosseira da geração prévia.

(A estrela de Belém • vol. 1)

A PALAVRA deve ser submetida a exame, e não a *pessoa!* Mas é costume de tais seres humanos de raciocínio procurar primeiro focalizar a pessoa, para depois considerar se podem dar ouvidos às suas palavras. É que eles, dada a estreita limitação da capacidade de compreensão, *precisam* se agarrar em exterioridades, a fim de não se confundirem. Eis a construção vazia que eles levantam e que é inaproveitável aos seres humanos; um grande estorvo para o progresso.

(A luta · vol. 1)

SOMENTE os predestinados podem ser legítimos mestres. E predestinados são aqueles que trazem em si a capacitação. Tais dons de capacitação não requerem, contudo, formação universitária, e sim vibrações duma apurada capacidade intuitiva que consegue se elevar acima do tempo e do espaço, isto é, ultrapassar os limites da compreensão do raciocínio terreno.

(A luta · vol. 1)

QUERER percorrer o extraterreno com meios e possibilidades terrenas, outra coisa não é senão deixar uma criança, ainda não desenvolvida e ainda não familiarizada com os perigos terrenos, numa mata virgem, onde apenas um adulto, correspondentemente aparelhado, em sua força plena e com toda a cautela, tenha probabilidades de passar incólume.

(A moderna ciência do espírito • vol. 1)

Muitos dos que até hoje ainda são incrédulos absolutos acabarão entrando com mais facilidade no reino de Deus do que todas as multidões com sua vaidosa humildade, e que na verdade não se apresentam diante de Deus simplesmente rogando, mas sim exigindo que as recompense por suas orações e palavras piedosas. Seus rogos são exigências, sua maneira de ser, hipocrisia. Serão varridas de Seu semblante como debulho vazio. Receberão a recompensa, sim, porém muito diferente do que pensam. Já se saciaram suficientemente nesta Terra com a consciência de seu próprio valor.

(Caminhos errados • vol. 1)

O AMOR divino só proporciona o que é de *proveito* ao espírito humano, e não o que lhe possa causar alegria na Terra e parecer agradável. A sua atuação vai muito *mais além,* porque domina todo o ser.

(O que separa hoje tantos seres humanos da Luz? • vol. 1)

S EGUNDO as leis divinas da Criação, todo dignitário, todo juiz, fosse qual fosse o cargo que desfrutasse aqui na Terra, não deveria nunca ficar, em sua *atuação,* sob o abrigo da posição que exerce, mas sim ser responsável *pessoalmente,* e *sem proteção,* como qualquer outra pessoa, por tudo quanto *fizer* em seu cargo. E não só espiritualmente, como materialmente também. Assim cada qual tomaria as coisas muito mais a sério e com mais cuidado. Certamente não mais se repetiriam tão facilmente os assim chamados "erros", cujas consequências são sempre irreparáveis. Sem falar dos sofrimentos físicos e anímicos das pessoas atingidas e de seus parentes.

(Era uma vez…! • vol. 1)

Q UANDO passa para o Além, cada pessoa fica despida do poder terreno e de sua proteção. Seu nome, sua situação, tudo ficou para trás. Apenas traspassa para o Além uma pobre alma humana, para aí receber e usufruir o que semeou. Não é possível sequer *uma* exceção! Seu caminho a conduz através de toda a engrenagem da incondicional reciprocidade da justiça divina. Lá não existe nenhuma Igreja, nenhum Estado, e sim apenas almas humanas individuais, que têm de prestar contas, pessoalmente, de todos os erros que cometeram!

(Era uma vez…! • *vol. 1)*

O NASCIMENTO e a morte, os polos inseparáveis de toda a existência na Terra, não deveriam constituir nenhum mistério para as criaturas humanas.

(Erros • vol. 1)

A CRENÇA tem de ser *viva,* conforme Cristo já exigiu outrora, do contrário não tem finalidade. Vivacidade, porém, significa movimentar-se, ponderar e também analisar! Longe está de significar a aceitação apática de pensamentos alheios. Crer às cegas quer dizer, explicitamente, não compreender. Aquilo que o ser humano, porém, não compreende não lhe pode trazer proveito espiritual, pois na incompreensão aquilo não pode tornar-se vivo dentro dele.

(Erros • vol. 1)

DAI a Deus a honra da perfeição! Nisso encontrareis a chave para os problemas não solucionados de toda a existência.

(Erros • vol. 1)

ASSIM como nosso corpo de matéria grosseira aqui é sensível ao ambiente de igual espécie, que por isso ele pode ver, escutar e palpar, o mesmo se passa nas partes da Criação cujas condições são diferentes das nossas. A criatura humana de matéria fina no assim chamado Além sente, ouve e vê apenas seu ambiente de igual espécie de *matéria fina,* e a criatura humana espiritual mais elevada só pode, por sua vez, sentir o seu ambiente *espiritual.*

(Erros • vol. 1)

As palavras que formais, as frases, moldam vosso destino exterior sobre a Terra. São como sementeiras num jardim que cultivais em redor de vós, pois cada palavra humana pertence ao mais vivo que *vós* podeis fazer em vosso favor nesta Criação.

(A palavra humana · vol. 1)

*A*TENTAI *à vossa palavra! Que a vossa fala seja simples e verdadeira!* Contém em si, pela sagrada vontade de Deus, a propriedade de formar, construindo ou também destruindo, segundo a espécie das palavras e daquele que as pronuncia.

(A palavra humana • vol. 1)

ATENTAI à vossa palavra! Não faleis apenas por falar. Falai somente quando, onde e como for necessário! Deve haver nas palavras do ser humano um reflexo do Verbo de Deus, que é vida e que permanecerá eternamente vida.

(A palavra humana · vol. 1)

LIVRE só é o ser humano que vive nas leis de Deus! Assim, e não diferentemente, ele se encontra sem pressões nem restrições nesta Criação. Tudo o auxiliará então, em vez de lhe obstruir o caminho. Tudo o "servirá", porque ele de tudo se utilizará de modo certo.

(Submissão • vol. 1)

Só com a *movimentação do próprio espírito* podem as almas humanas servir ao seu Criador! E com isso em primeiro lugar e simultaneamente a si mesmas. Somente um espírito humano que se encontre lúcido e vigilante nesta Criação, consciente de suas leis, inserindo-se nelas com os pensamentos e as ações, *este* é agradável a Deus, pois com isso está cumprindo a razão de ser de sua existência, conforme cabe a cada espírito humano nesta Criação!

(Indolência do espírito • vol. 1)

D E QUE vale a construção dum reino terrestre, se não visa à glória de Deus, se não age segundo o sentido de Deus, que ainda ignorais por completo e tampouco até agora quisestes aprender a conhecer, visto colocardes *vossa* opinião acima de tudo o mais. Apenas quereis satisfazer-*vos,* e esperais ainda que Deus abençoe vossa obra malfeita! Mas servir e cumprir vossas obrigações para com Deus, não tendes a mínima vontade de fazer.

(O ser humano terreno diante de seu Deus • vol. 1)

Nenhum amor *verdadeiro* se encontra na condescendência e na bondade que tudo deve perdoar, mas sim essa ideia errada é como um veneno entorpecente que apenas debilita, cansando os espíritos, e por fim produz a paralisia completa, forçando a morte eterna, uma vez que não haverá possibilidade de se acordar ainda em tempo.

(Salvação! Libertação! • *vol. 1)*

A MOLEZA causa danos não somente a vós como também àqueles que julgais agradar com isso. Sereis julgados um dia por um *Superior,* com uma espécie de justiça que se tornou estranha a vós, por vossa própria culpa, desde muito tempo, pois vós vos distanciastes dela.

É a *justiça de Deus,* imutável de eternidade a eternidade, independente da opinião dos seres humanos, e livre de suas simpatias, ódios, maldades e poderes. Ela é *onipotente,* pois emana de Deus!

(Salvação! Libertação! • *vol. 1)*

ACORDAI e enfrentai, lutando, todas as trevas, então vos será proporcionada a força auxiliadora. Já os fracos, porém, perderão tudo o que ainda possuem de força, pois não sabem utilizá-la de modo certo. Ser-lhes-á assim tomado o pouco de que ainda dispõem, porque, na lei de atração da igual espécie, a força flui para aqueles que a utilizam com afinco e de *maneira certa.* Assim se cumprem as palavras de antiquíssimas promessas.

(Salvação! Libertação! • *vol. 1)*

As LEIS divinas são em tudo verdadeiras amigas, graças auxiliadoras emanadas da vontade de Deus, que assim abre o caminho para a salvação de cada um que para isso se esforce.

(A Fala do Senhor • vol. 1)

APRENDEI a reconhecer o vosso caminho na Criação, assim sabereis também a finalidade de vossa existência. Ficareis repletos de jubilosa gratidão e da mais alta felicidade que um espírito humano é capaz de suportar, e que só se encontra no reconhecimento de Deus!

(A Fala do Senhor • vol. 1)

Vós, seres humanos terrenos, vos encontrais nesta Criação, a fim de *encontrar* a felicidade bem-aventurada! Na fala em que Deus se expressa a vós de modo vivo! E compreender essa fala, aprendê-la, intuir nela a vontade de Deus, *eis* vosso *alvo* no percurso através da Criação. Na própria Criação a que pertenceis reside o esclarecimento da *finalidade* de vossa existência e ao mesmo tempo também o reconhecimento de vosso *alvo!* De outra forma jamais encontrareis ambos.

(A Fala do Senhor • vol. 1)

NÃO existe separação nenhuma entre o Aquém e o chamado Além, mas sim tudo é um único e imenso existir. Toda essa Criação gigantesca, em parte visível e em parte invisível aos seres humanos, atua como uma engrenagem admiravelmente bem-feita, jamais falhando, que se articula com justeza, sem se desengrenar. Leis *uniformes* seguram o todo, perpassam tudo como um sistema nervoso, unem e liberam mutuamente em constante efeito recíproco!

(Responsabilidade · vol. 2)

Vós, que muitas vezes procurais de modo tão convulsivo encontrar o verdadeiro caminho, por que fazeis tudo assim tão difícil? Imaginai com toda a simplicidade como flui através de vós a força pura do Criador, a qual dirigis com os vossos pensamentos em direção boa ou má. Dessa maneira, sem esforço nem quebra-cabeça, tereis tudo!

(Responsabilidade • vol. 2)

REGOZIJAI-VOS, ignorantes e fracos, pois vos é dado o mesmo poder que aos fortes! Não vos dificulteis, portanto, em demasia! Não vos esqueçais de que a pura e autônoma força de Deus flui também através de vós e que igualmente vós, como seres humanos, estais capacitados a dar a essa força uma determinada direção pela espécie de vossas intuições, isto é, de vossa vontade, quer para o bem como para o mal, construindo ou devastando, trazendo alegria ou sofrimento!

(Responsabilidade · vol. 2)

O SER humano dispõe sempre apenas da livre decisão, da livre resolução no início de cada ato, com referência à direção que deve ser dada a essa força universal que o perflui. *Terá*, portanto, de arcar com as consequências da atuação da força na direção por ele desejada.

(Destino • vol. 2)

ATRAVÉS da permanente boa vontade em todos os pensamentos e ações, flui igualmente de modo retroativo, proveniente da fonte de força de igual espécie, um reforço contínuo, de modo que o bem se torna cada vez mais firme na própria pessoa, transborda dela, formando, a seguir, o ambiente de matéria fina correspondente, que a circunda como um invólucro protetor, semelhante à camada de atmosfera que rodeia a Terra, dando-lhe proteção.

(Destino • vol. 2)

Por suas qualidades espirituais mais valiosas, a mulher deveria e poderia ser na realidade mais perfeita do que o homem, se tivesse ao menos se esforçado em clarificar mais e mais harmoniosamente as intuições que lhe foram outorgadas, com o que ela teria se transformado em uma potência, que deveria atuar revolucionariamente, beneficiando de modo ascendente toda a Criação de matéria grosseira.

(A criação do ser humano • vol. 2)

A INTUIÇÃO, que não é ligada ao espaço e ao tempo, e que está em conexão com espécies iguais, com o espiritual, reconhece logo nos outros a verdadeira natureza, não se deixa enganar pela habilidade do raciocínio.

(A voz interior • vol. 2)

JESUS anunciou a *Verdade*. Por conseguinte, suas palavras devem encerrar também todas as verdades de outras religiões. Ele não quis fundar uma igreja, mas mostrar o verdadeiro caminho à humanidade, o qual pode ser igualmente atingido pelas verdades de outras religiões. Por isso é que se encontram em suas palavras também tantas consonâncias com as religiões já existentes naquele tempo.

(O Salvador · vol. 2)

TAMBÉM mesmo quem não conhece as palavras de Jesus e almeja de modo sincero a Verdade e o enobrecimento, já vive muitas vezes inteiramente no sentido dessas palavras e por isso marcha com segurança também para uma crença pura e o perdão de seus pecados.

(O Salvador · vol. 2)

Q UEM se esforça seriamente pela Verdade, pela pureza, a esse também não falta o amor. Será conduzido para cima espiritualmente, de degrau em degrau, mesmo que às vezes através de duras lutas e dúvidas e, *seja qual for a religião a que pertença,* já aqui ou também só no mundo de matéria fina, encontrará o espírito de Cristo, o qual o levará *por fim* até o reconhecimento de Deus-Pai, com o que se cumpre a sentença: "Ninguém chegará ao Pai, a não ser através de mim".

(O Salvador • vol. 2)

O VERDADEIRO começo da existência de uma pessoa é *sempre* bom, e de muitas também o fim, com exceção daquelas que se perdem por si próprias, por serem as primeiras, através de suas resoluções, a estenderem elas mesmas as mãos ao mal, o que por sua vez as arrasta totalmente para a ruína.

(O mistério do nascimento · vol. 2)

OS PAIS dão ao filho exatamente aquilo que este precisa para seu desenvolvimento e, de modo inverso, o filho em relação aos pais, seja algo bom ou mau, pois ao desenvolvimento e à elevação pertence também, naturalmente, a libertação do mal pelo seu exaurir, com o que ele será reconhecido como tal e repelido. E a oportunidade para tanto traz sempre a reciprocidade. Sem esta não poderia nunca, realmente, o ser humano se libertar de coisas sucedidas.

(O mistério do nascimento • vol. 2)

A EXISTÊNCIA terrena deve ser realmente *vivenciada,* se é que deva ter uma finalidade. Somente o que for experimentado no íntimo de modo vivencial em todos seus altos e baixos, quer dizer, intuído, torna-se algo próprio.

(O mistério do nascimento • vol. 2)

COMO legítima castidade deve-se compreender a *pureza dos pensamentos*, porém em *todas* as coisas, até mesmo nos pensamentos profissionais. A castidade é uma característica puramente espiritual, não uma característica física.

(A abstinência sexual beneficia espiritualmente? • *vol. 2)*

A FORÇA viva criadora que perflui os seres humanos congrega, pela vontade concentrada de um pensamento realizado, algo de matéria fina e acaba concretizando-a numa forma que expressa a vontade desse pensamento. Portanto, algo real, vivo, que nesse mundo de formas de pensamentos, através da lei de atração da igual espécie, atrai elementos homólogos ou por eles se deixa atrair, conforme suas próprias forças.

(Formas de pensamentos • vol. 2)

A BENÇOADA seja a hora em que os pensamentos de amor puro adquirirem novamente um lugar de predomínio entre a humanidade, para que assim se formem fortes centrais de igual espécie no mundo das formas de pensamentos, podendo receber reforços das esferas mais luminosas e com isso não apenas propiciar fortalecimento aos que almejam o bem, mas também atuar lentamente, de modo purificador, sobre os ânimos mais escurecidos.

(Formas de pensamentos • vol. 2)

*O*NDE o homem não for capaz de erguer o olhar para a mulher em sua feminilidade, nenhuma nação, nenhum povo consegue florescer!

(Vela e ora! • *vol. 2)*

"OS MATRIMÔNIOS são contraídos no céu" demonstra, em primeiro lugar, que já com a entrada na vida terrena cada pessoa traz consigo determinadas qualidades, cujo desenvolvimento harmonioso só pode ser efetuado por pessoas de qualidades correspondentes. Mas tais qualidades correspondentes não são as mesmas, e sim aquelas *que completam* e que mediante essa complementação se tornam de pleno valor.

(O matrimônio · vol. 2)

U M MATRIMÔNIO *sadio* necessita de trabalho em comum e de finalidades elevadas tão indispensavelmente como um corpo sadio de movimentação e de ar fresco.

(O matrimônio · vol. 2)

CADA pessoa está aqui nesta Terra por seu próprio pedido ou por própria culpa! Os pais só dão a possibilidade da encarnação, nada mais. E cada alma encarnada deve ser grata por tal possibilidade lhe ter sido dada!

(O direito dos filhos em relação aos pais · vol. 2)

A CRIANÇA é, espiritualmente, uma personalidade individual por si! Afora o corpo terreno, de que precisa como instrumento para atuar nesta Terra de matéria grosseira, nada recebeu dos pais. Por conseguinte, apenas um alojamento do qual a alma, já de antemão independente, pode utilizar.

(O direito dos filhos em relação aos pais • vol. 2)

O ATO da geração deve ser para um ser humano, espiritualmente livre, nada mais do que a prova de sua boa vontade de receber um espírito humano estranho como hóspede permanente em sua família, dando-lhe ensejo de remir na Terra e de amadurecer. Somente quando em ambas as partes existir o desejo íntimo *para essa finalidade* é que deve efetuar-se a oportunidade para uma geração.

(*O direito dos filhos em relação aos pais* • *vol. 2*)

Q UEM não sente em si o impulso para uma oração, pode calmamente se abster dela porque suas palavras ou pensamentos, por fim, têm de se desfazer em nada. Pois se uma oração não for intuída profundamente, então não tem valor e, portanto, nenhum resultado.

(A oração • vol. 2)

A MULTIPLICIDADE de uma oração enfraquecê-la-á sempre. Um filho também não vem ao pai com sete pedidos ao mesmo tempo, mas sempre apenas com um, aquele que justamente mais lhe pesa no coração, seja sofrimento ou um desejo.

(A oração · vol. 2)

A ORAÇÃO exige a mais profunda seriedade. Deve-se orar com calma e pureza, a fim de que, através da calma, a força da intuição se eleve, recebendo pela pureza aquela leveza luminosa capaz de elevar a oração até as alturas de tudo quanto é luminoso, de tudo quanto é puro. Então advirá também aquela realização que será mais proveitosa ao suplicante e que realmente o levará para frente em toda a sua existência!

(A oração • vol. 2)

NÃO é a *força* da oração que consegue arremessá-la para o alto ou impulsioná-la, mas *somente a pureza* em sua leveza correspondente.

(A oração • vol. 2)

São apenas poucas as pessoas que procuram conscientizar-se do *que* querem na realidade, quando proferem a oração "Pai Nosso". Menos ainda as que sabem realmente qual o *sentido* das frases que aí estão recitando. Recitar decerto é a única expressão adequada para o procedimento que o ser humano, nesse caso, chama de orar.

(O Pai Nosso • vol. 2)

O SER humano desconhece a jubilosa gratidão de usufruir de modo alegre a existência consciente que lhe foi dada, coparticipando na grande Criação para o bem de seu ambiente, assim como é desejado por Deus ou por Deus com razão esperado! Tampouco pressente que é justamente isso, e *somente* isso, que contém seu próprio e verdadeiro bem, seu progresso e sua ascensão.

(O Pai Nosso · vol. 2)

DEVE ser uma invocação dedicada, e, contudo, jubilosa, quando ousais proferir: "Pai nosso que estás no céu!"

(O Pai Nosso · vol. 2)

O SER humano não deve esquecer-se de que numa oração ele tem de buscar, na realidade, somente a força, para poder *ele próprio realizar* o que pede! Assim deve orar!

(O Pai Nosso • vol. 2)

A VERDADEIRA adoração a Deus não se manifesta mediante exaltações nem pelo murmurar de preces, tampouco por súplicas, genuflexões, contorcer de mãos, nem tremores extasiados, mas por alegre *ação!* Por jubilosa afirmação desta existência terrena!

(Adoração a Deus • vol. 2)

Visto como as leis da Criação atuam de modo autônomo, vivo e inabalável, munidas de uma força contra a qual o espírito humano é de todo impotente, claro é que a necessidade mais premente de cada ser humano tem de ser *a condição* de reconhecer irrestritamente essas leis, a cujos efeitos ele, em qualquer caso, realmente permanece exposto sem defesa.

(Adoração a Deus · vol. 2)

O SER humano deseja dominar aquilo a cuja atuação autônoma está e sempre estará sujeito. Presume em sua vaidade já *dominar* forças, quando apenas chega a aprender a utilizar-se, para seus fins, de pequenas derivações de irradiações, ou quando se utiliza em mínima escala dos efeitos do ar, da água e do fogo!

(Adoração a Deus • vol. 2)

Fizestes de cada Mensagem de Deus uma religião! Para vossa comodidade! *E isso foi errado!* Pois construístes para a religião um degrau todo especial e elevado, à parte das atividades cotidianas! E aí ocorreu o maior erro que pudestes cometer, pois com isso colocastes também a vontade de Deus à parte da vida cotidiana, ou, o que vem a dar no mesmo, vós *vos* colocastes à parte da vontade de Deus, ao invés de unificar-vos com ela, de inseri-la no centro da vida e da atividade de todos os vossos dias! De tornar-vos *uma só coisa* com ela!

(Adoração a Deus • vol. 2)

DEVEIS receber de forma absolutamente *natural* e prática cada Mensagem de Deus, incorporando-a ao vosso trabalho, ao vosso pensar, a toda a vossa vida! Não deveis considerá-la como algo a ser mantido à parte, conforme sucede atualmente, algo que só procurais como visitantes em horas de lazer!

(Adoração a Deus • vol. 2)

A ADORAÇÃO a Deus na vida e no vivenciar reside unicamente na observação das leis divinas. Somente com isso será assegurada a felicidade.

(Adoração a Deus • vol. 2)

O MERO cálculo astrológico pouco pode, aliás, adiantar, porque às irradiações dos astros pertencem também as respectivas irradiações do solo da Terra, assim como também incondicionalmente a matéria fina viva, com todas as suas atividades, como, por exemplo, o mundo das formas de pensamentos, do carma, as correntes das trevas e da Luz na matéria, bem como outras coisas mais.

(Astrologia • vol. 2)

As irradiações dos astros formam somente os caminhos e os canais através dos quais tudo o que é vivo na matéria fina pode chegar mais concentradamente a uma alma humana, a fim de ali se efetivar.

(Astrologia • vol. 2)

O SER humano só pode aproveitar-se das forças portadoras da vontade de Deus se as estudar direito, isto é, se as reconhecer e orientar-se por elas. O contar com elas ou orientar-se por elas é, porém, na realidade, nada mais do que um adaptar-se, portanto, um curvar-se! Não se colocar *contra* essas forças, mas seguir *com elas*. Só quando o ser humano adapta o seu querer às características das forças, isto é, segue a mesma direção, consegue ele utilizar-se do poder dessas forças.

(Simbolismo no destino humano • vol. 2)

POPULARMENTE falando, a verdadeira crença deve ser uma força que, irradiando do espírito do ser humano, penetre em sua carne e em seu sangue, tornando-se assim uma única evidência natural. Nada de artificial, nada de forçado, nada de aprendido, mas apenas vida!

(Crença • vol. 2)

QUANDO se diz que as criaturas humanas não devem se prender a bens terrenos logo que se esforçam na direção do reino celeste, não se diz com isso que devam dar de presente ou jogar fora bens terrenos, para viver na pobreza. O ser humano pode e deve usufruir alegremente aquilo que Deus lhe torna acessível através de Sua Criação.

(Bens terrenos • vol. 2)

O SER humano que durante sua existência terrena nada quer saber de que depois da morte ainda há vida e que será obrigado a responsabilizar-se por todas as suas ações, cego e surdo será na matéria fina, quando tiver de se trasladar.

(Falecido · vol. 2)

Q UANDO se diz que Deus estende Sua mão em *auxílio,* isso se dá *na Palavra* que Ele envia às criaturas humanas, na qual lhes mostra de que modo podem libertar-se da culpa em que se emaranharam. E Sua graça se acha de antemão em todas as grandes possibilidades outorgadas aos espíritos humanos na Criação para utilização. Isso é tão imenso, como não pode o ser humano de hoje imaginar, porque jamais se ocupou com isso suficientemente a sério, pois onde tal se deu, foi apenas de modo pueril ou para fins de vaidosa autoelevação!

(Falecido • vol. 2)

A PESSOA que olhar com atenção ao seu redor, poderá muitas vezes observar exatamente a imagem básica de todos os fenômenos da Criação em seu ambiente mais próximo, já que nas coisas mínimas sempre também se refletem as máximas.

(Desenvolvimento da Criação • vol. 2)

OS MILHÕES de seres humanos que impensadamente veneram coisas que contrariam manifestamente os mandamentos divinos, encontram-se, não obstante qualquer eventual fervor, incondicionalmente manietados e totalmente excluídos de uma escalada espiritual.

(Eu sou o Senhor, teu Deus! • *vol. 2)*

SOMENTE o compreender pleno e sem lacunas equivale à convicção, a qual unicamente possui valor espiritual!

(Eu sou o Senhor, teu Deus! • vol. 2)

Se uma pessoa se prostra diante duma figura esculpida em madeira, uma outra diante do Sol e uma terceira diante da custódia, cada uma assim está pecando contra a suprema lei de Deus, *desde que considere nisso* o próprio Deus vivo e, portanto, espere disso imediatas graças e bênçãos divinas!

(Eu sou o Senhor, teu Deus! • *vol. 2)*

O ESPÍRITO humano precisa finalmente se acostumar ao pensamento de que *ele mesmo* tem de se mover bem energicamente, a fim de obter absolvição e perdão, e nisso finalmente cumprir seu dever que indolentemente deixou de lado. Ele deve animar-se e trabalhar em si próprio, se não quiser cair nas trevas dos condenados!

(Eu sou o Senhor, teu Deus! • *vol. 2)*

SOMENTE a mais condenável irreflexão pode supor que a finalidade da existência do ser humano consista, principalmente, na correria com vistas à obtenção das necessidades e dos prazeres corpóreos, para, finalmente, mediante algum gesto externo e bonitas palavras, deixar se libertar calmamente de toda a culpa e das consequências de suas negligências indolentes na vida terrena. O percurso pela vida terrena e o passo para o Além, por ocasião da morte, não são como uma viagem cotidiana, para a qual se compra a passagem apenas no último momento.

(Eu sou o Senhor, teu Deus! • *vol. 2)*

IMACULADA concepção, em sentido corpóreo, é toda concepção oriunda dum amor *puro,* em profundo erguer dos olhos para o Criador, onde os instintos sensuais não constituem a base, mas sim permanecem apenas como forças coparticipantes.

(A imaculada concepção e o nascimento do Filho de Deus • vol. 2)

A PESSOA que passa para o Além com uma crença errada ou irrefletidamente aceita como sendo própria, permanece impedida até se tornar livre e viva *em si mesma* mediante outra convicção, rompendo assim o obstáculo que devido à sua própria crença a impede de tomar o caminho certo e verdadeiro, e de ali prosseguir.

(Ressurreição do corpo terreno de Cristo • vol. 2)

O PIOR inimigo do ser humano, sob o ponto de vista puramente terreno, é o comodismo. Comodismo na fé, porém, torna-se sua morte espiritual!

(Ressurreição do corpo terreno de Cristo • vol. 2)

JAMAIS o ser humano deve esquecer-se de que ele, *completamente só,* terá de responder por tudo aquilo que *ele* intui, pensa e faz, mesmo que o tenha aceitado de outrem de modo incondicional!

*(Conceito humano e vontade de Deus
na lei da reciprocidade • vol. 2)*

TODO aquele que reflete, já há de ter chegado sozinho à conclusão de que o Filho de Deus e o Filho do Homem não podem ser um só! A diferença está expressa nitidamente nas próprias palavras.

(O Filho do Homem • vol. 2)

TÃO logo num ser humano se manifeste o amor, que se esforça por proporcionar a outro luz e alegria, não o degradando mediante cobiças impuras, mas sim soerguendo-o protetoramente bem alto, então ele *serve* a esse outro, sem se tornar consciente do servir, propriamente, pois torna-se assim um doador desinteressado, um alegre presenteador. E esse servir liberta-o!

(A força sexual em sua significação para a ascensão espiritual · vol. 2)

Um sinal infalível de queda profunda e de decadência certa é quando a humanidade começa, sob a mentira do progresso, a querer "erguer-se" acima da joia do sentimento de pudor, tão favorecedora sob todos os aspectos! Seja isso, pois, sob o manto do esporte, da higiene, da moda, da educação infantil ou sob muitos outros pretextos para isso bem-vindos. Não se pode então impedir a decadência e a queda, e apenas um horror da pior espécie poderá levar ainda alguns à reflexão.

(A força sexual em sua significação para a ascensão espiritual • vol. 2)

CADA degrau de uma existência humana requer ser vivido realmente com toda a seriedade, com plena capacidade de recepção da respectiva época. Insuficiência nisso acarreta um afrouxamento que no caminho seguinte se fará sentir cada vez mais, produzindo finalmente uma ruptura com a consequente ruína, se não se voltar a tempo, reparando o lugar defeituoso mediante renovado vivenciar, para que este se torne firme e seguro.

(O erro da clarividência • vol. 2)

A FORÇA de Deus que perflui permanentemente a Criação e que nela reside é *apenas emprestada* a todos os espíritos humanos. Eles podem *dirigi-la, ao utilizar-se* dela, mas não a contêm em si, *ela não lhes pertence!* Tal força pertence apenas ao divinal.

(No reino dos demônios e dos fantasmas · vol. 2)

A PALAVRA da Mensagem do Graal é viva, de modo que só se deixa encontrar profusamente por aquelas pessoas que têm na alma verdadeiro e sincero anseio! Tudo o mais ela repele automaticamente. Para os presunçosos e para os que procuram apenas superficialmente, a Mensagem permanece o livro com sete selos!

(Criatura humana · vol. 2)

PESADA maldição recai sobre todos aqueles que ensinam ideias errôneas às criaturas humanas a respeito da vontade de Deus na Criação, a qual outrora podia ser encontrada na Palavra do Salvador, mas não permaneceu pura no texto da Bíblia e menos ainda nos esclarecimentos terrenos.

(No país da penumbra • vol. 3)

UMA pessoa que sempre se observa e cisma a seu próprio respeito é a corporificação do lutador contra a serpente de nove cabeças, para a qual cresce de novo cada cabeça, tão logo ela seja decepada, pelo que a luta não chega a um fim, e nem se nota vantagem alguma do lado do lutador.

(Cismadores • vol. 3)

COM a expressão reino de Deus na Terra, surge um alegre estremecer pelas fileiras de todos aqueles que o esperam. Imaginam com isso, realmente, uma dádiva de alegria e de felicidade, que corresponda plenamente a seu anseio de uma vida tranquila e folgada. Será, porém, a época de absoluta obediência para toda a humanidade!

(Cismadores · vol. 3)

REPUGNANTES são as pessoas que voluntariamente se impõem dores físicas e privações, para assim se tornarem agradáveis a Deus! Todas elas jamais alcançarão o reino do céu!

(Mártires voluntários, fanáticos religiosos · vol. 3)

DE MODO completamente infundado, muitas pessoas têm suposto até agora que os servidores das igrejas, templos, aliás, de todas as práticas religiosas, devam ser considerados como servos de Deus.

Esse conceito foi semeado outrora, na época do início e do estabelecimento dos cultos de todas as espécies, pelos servos desses próprios cultos, que assim se empenharam em conseguir um prestígio que, pessoalmente, apenas de modo difícil poderiam ter conseguido. E ele foi conservado, sem que alguém tivesse aí procurado se tornar ciente de que nisso havia dano em vez de proveito para a humanidade e, o que é o principal, uma incompreensão em relação a Deus!

(Servos de Deus • vol. 3)

EIS o que vos falta! *Reconhecer* a vontade de Deus, que repousa na Criação e nela se efetiva contínua e automaticamente. Exatamente a esse respeito, porém, nunca vos ocupastes até agora de modo certo. Contudo, não acontece de maneira diferente com todos vós; é como se estivésseis dentro de uma gigantesca engrenagem, na qual deveríeis movimentar-vos, sem jamais poder alterá-la ou melhorá-la.

(Servos de Deus • vol. 3)

ALEGRIA e felicidade podem existir em toda a Criação. Miséria e aflição, doença e crime, vós, seres humanos, sozinhos os criais, porque até hoje não *quisestes* reconhecer onde se encontra a incomensurável força que vos foi outorgada no caminho através de todos os mundos, que tendes de peregrinar para o desenvolvimento, por vosso próprio desejo.

(Servos de Deus • vol. 3)

O MAIOR fardo com que a alma humana se sobrecarregou, e que lhe impedirá qualquer possibilidade de ascensão, é a vaidade! Trouxe desgraça para a Criação inteira. A vaidade tornou-se o mais forte veneno da alma, porque o ser humano acabou por apreciá-la como escudo e manto para todas as suas falhas.

(A ferramenta torcida • vol. 3)

OLHEMOS a nossa volta: quem hoje segue seu caminho zombando das anunciações e previsões de acontecimentos terríveis, que aumentam por toda a parte, não querendo ver que muito daquilo já está se realizando, e que se avolumam de semana para semana as catástrofes naturais, esse *é* ignorante, ou por algum medo nada quer reconhecer ainda!

São ignorantes ou covardes, que não ousam encarar os fatos! Em todos os casos, porém, nocivos.

(A ferramenta torcida · vol. 3)

A VAIDADE jamais quer que se reconheça a Verdade, pouco importando onde ela se encontre. O que nisso ela se permite, mostra a disposição desta humanidade terrena já em relação à existência terrenal do Filho de Deus, que em sua verdadeira e grande simplicidade não basta ao vaidoso sentido humano. O fiel quer ter o "seu" Salvador apenas segundo a *sua* interpretação! Por isso ornamenta o caminho terrestre do Filho de Deus, Cristo Jesus, com acontecimentos imaginados.

(A ferramenta torcida · vol. 3)

E QUANDO o Filho de Deus sofreu a morte terrena na cruz, morrendo como qualquer pessoa na cruz morreria, por corresponder assim às leis de Deus na Criação; quando o corpo humano não pôde descer da cruz simplesmente ileso, então para a vaidade humana não restou outra coisa senão a suposição de que o Filho de Deus teve de morrer assim, *não quis descer da cruz,* para através disso tirar os pecados dos pobres homúnculos, a fim de que estes então fossem recebidos jubilosamente no reino dos céus!

Criou-se assim o fundamento para a ulterior concepção da *necessidade* da morte na cruz, o que trouxe o triste e grande erro entre os cristãos de hoje, resultante apenas da vaidade humana.

(A ferramenta torcida • vol. 3)

SE CRISTO pudesse ter ressuscitado carnalmente, seria também absolutamente lógico que ele tivesse a possibilidade de descer a esta Terra também já pronto em carne, de lá, para onde ele, na ressurreição, teria subido carnalmente. Que isso, porém, não tenha acontecido; que ele, pelo contrário, desde o começo, teve que vivenciar os caminhos como qualquer corpo humano a partir do nascimento, com todas as pequenas e grandes penúrias, fala, juntamente com muitas outras necessidades de sua existência terrena, bem claramente contra isso, sem se considerar que só assim podia ser e não de outro modo, visto que também o Filho de Deus tinha de se adaptar às leis perfeitas de seu Pai na Criação.

(A ferramenta torcida · vol. 3)

QUANDO as pessoas perguntam a si próprias como podem educar *de modo certo* seus filhos, elas devem observar em primeiro lugar *a criança,* e se orientarem *correspondentemente.* Desejos próprios do educador devem aí ser completamente postos de lado. A criança deve seguir o *seu* caminho na Terra e não o caminho do educador.

(A criança • vol. 3)

A MISSÃO suprema na existência da feminilidade na Terra é a mesma que desde sempre existiu nas regiões mais elevadas: enobrecimento de seu ambiente e constante suprimento da Luz, que só a feminilidade, na delicadeza de sua intuição, pode transmitir! O enobrecimento, porém, acarreta incondicional ascensão rumo às alturas luminosas! Isso é lei do espírito! Por isso, tão só a existência da *legítima* feminilidade condiciona também a ascensão de modo inamovível, o enobrecimento e a conservação da pureza de toda a Criação.

(A missão da feminilidade humana • vol. 3)

A CRIATURA humana, que na mais íntima oração implorar por algo, devido à sua sintonização, alcança ligação com o lugar donde lhe pode advir auxílio. Isso eu já disse em meus esclarecimentos sobre o efeito da oração. Com oração, porém, não se deve imaginar o pedir, mas sim adoração, adoração e veneração! Cada aprofundamento do espírito humano nesse sentido não é outra coisa senão um procurar por ligação! Procurar ligação com a Luz, com a pureza e com a vida! Os desejos e os *anseios* do espírito humano expandem-se com isso. Ele tateia espiritualmente à procura das alturas luminosas! E se procura aí realmente *de modo sério,* então encontra, como já foi prometido por Cristo. Ele encontra a *ligação* com a vida! Mas somente ligação, não a própria vida!

(Onipresença • vol. 3)

A PESSOA que não acumula inutilmente suas riquezas, para com elas granjear prazeres para si própria, mas as utiliza *de modo acertado* e as aplica no sentido certo, *transformando-as* em bênçãos de muitos, é muito mais valiosa e mais elevada do que aquela que dá de presente todas elas! É muito maior e beneficia a Criação.

Tal homem consegue, mediante sua riqueza, dar trabalho a milhares durante toda a existência terrena e lhes proporciona assim a consciência do sustento pelo próprio ganho, o que atua fortalecendo e beneficiando sobre o espírito e sobre o corpo! Só que aí deve permanecer, como algo evidente, uma disposição certa entre trabalho e repouso, bem como deve ser dada a recompensa correta a cada trabalho prestado, devendo prevalecer aí um equilíbrio severamente justo!

(Cristo falou…! • vol. 3)

CRISTO jamais conheceu preocupações quanto à subsistência. Nasceu em ambiente que hoje em dia é denominado de classe média, visto que exatamente apenas esse solo ainda tinha permanecido o mais sadio. Ele não tinha em si o supercultivo de todas as classes ricas e da nobreza, nem a amargura das classes operárias. Escolhera-se com exatidão. José, o carpinteiro, podia ser chamado de abastado, de modo algum pobre.

Que Cristo tenha nascido outrora num estábulo de Belém foi mera consequência de uma superlotação da localidade de Belém, devido ao recenseamento, razão por que José também fora até lá. José simplesmente não encontrou mais pouso algum, conforme também hoje pode acontecer ainda, aqui e acolá, facilmente, a muitas pessoas em ocasiões especiais. Com pobreza, tudo isso nada tinha a ver. Na casa de José teria havido dormitórios segundo a maneira dos cidadãos abastados.

(Cristo falou…! • vol. 3)

A CRIATURA humana que aqui na Terra se aposenta realmente, que quer descansar de suas atividades até o seu fim terreno, devido à lei do movimento rítmico desta Criação, é expelida como fruta superamadurecida, porque todo o vibrar, o movimento em seu redor, é muito mais forte do que o movimento *nela própria,* que tem de manter passo igual. Tal pessoa *tem* então de cansar e adoecer. Só quando seu autovibrar e seu estado de alerta mantiverem passo igual ao do movimento existente na Criação, só então pode permanecer sadia, bem-disposta e alegre.

(Lei da Criação: "movimento" • vol. 3)

O QUE o ser humano tem necessariamente de pesquisar é, antes de tudo, apenas aquilo que lhe serve para a sua ascensão e, com isso, também para benefício da Criação! Em tudo que trabalha, deve perguntar a si mesmo qual a vantagem que aquilo traz para si próprio e para os seres humanos. *Um* alvo tem de ser, doravante, predominante em cada pessoa: reconhecer e também cumprir aquele lugar que tem de preencher na Criação como ser humano!

(Lei da Criação: "movimento" • vol. 3)

EXISTE tal simplicidade na efetivação das leis da Criação e nas próprias leis, que não é preciso curso universitário para reconhecê-las com acerto. Cada pessoa possui capacidade para isso, se apenas quiser! Cada observação é facílima, acessível até a uma criança, torna-se difícil apenas pela arrogância de saber desta humanidade, que gosta de empregar grandes palavras para o que é mais simples, e assim pateia pesadamente com ares de importância na Criação, como na límpida água, turvando a original clareza sadia.

Com toda a sua falsa sabedoria o ser humano, como única das criaturas, falha no cumprimento de seu lugar na Criação, por não vibrar conjuntamente e não atuar corretamente.

(Lei da Criação: "movimento" • vol. 3)

O SER humano deve dar ao corpo *sadio* aquilo de que ele precisa, deve observá-lo com todo o cuidado que se dá à ferramenta mais indispensável, para a atuação acertada nesta matéria grosseira. É sim, pois, o bem *mais precioso* que cada ser humano terreno recebeu, para o seu tempo na Terra.

(O corpo terreno · vol. 3)

O CORPO terreno está ligado *àquela parte* da Terra onde nasceu! Intimamente ligado também com todas as estrelas dessa bem determinada parte e com todas as irradiações que a ela pertencem. De maneira ampla, muito mais do que podeis imaginar! Somente *aquela* parte desta Terra dá ao corpo exatamente aquilo de que ele precisa, a fim de florescer direito e permanecer vigoroso. E a terra produz, em cada uma de suas regiões, sempre em tempo certo, aquilo de que todos os corpos de matéria grosseira, que *nasceram* nessa bem determinada região, necessitam! Ervas e frutos atuam, por isso, de forma melhor sobre o corpo humano, de modo vantajoso e edificante, *naquela* época em que a terra os *produz!*

O corpo *precisa* semelhante alimentação em tais épocas e *naquela* região onde nasceu, com a qual fica permanentemente ligado.

(O corpo terreno • vol. 3)

NADA existe que o ser humano de fato pudesse criar, se não tirasse daquilo que já se originou pela vontade de Deus! Nem um único grão de areia conseguiria ele próprio tornar a criar, sem já encontrar na Criação toda a matéria para isso!

(Vê, criatura humana, como tens de caminhar através desta Criação, para que fios de destino não impeçam, mas auxiliem tua ascensão! • vol. 3)

A CRIATURA humana não consegue ser simples, assim como deveria aprender na Criação. Alcançar a grandeza da simplicidade em seus pensamentos e em suas ações torna-se, ao ser humano, não apenas difícil, mas até nem consegue mais! Tudo isso já se tornou inatingível para ele.

(Vê, criatura humana, como tens de caminhar através desta Criação, para que fios de destino não impeçam, mas auxiliem tua ascensão! • vol. 3)

LEI de Deus Todo-Poderoso para vós é: Concedido vos é peregrinar através da Criação! Caminhai de tal maneira, que não causeis sofrimento a outrem, a fim de satisfazer com isso qualquer cobiça! Do contrário entrarão fios no tapete de vossos caminhos, que vos impedem a escalada aos páramos luminosos da atividade consciente e cheia de alegria, nos jardins de todos os reinos do vosso Deus!

Essa é a lei básica que contém para vós tudo quanto precisais saber. Seguindo-a, nada poderá acontecer-vos. Sereis conduzidos só *para cima,* por todos os fios criados por vosso pensar, vosso querer e vosso atuar.

(Vê, criatura humana, como tens de caminhar através desta Criação, para que fios de destino não impeçam, mas auxiliem tua ascensão! • *vol. 3)*

NA REALIZAÇÃO da promessa: "Tudo deve tornar-se novo", não se encontra o sentido de transformação, mas de uma *nova* formação *após* o desmoronamento de tudo quanto o espírito humano entortou e envenenou. E visto nada existir que o ser humano, em sua presunção, ainda não tenha tocado nem envenenado, assim *tudo* tem de ruir, para *então* se tornar novo, mas não segundo a vontade humana, como até agora, e sim segundo a vontade de Deus, que nunca foi compreendida pela alma humana corroída devido à própria vontade.

(Uma nova lei • vol. 3)

Vós, míopes e mesquinhos, considerais puras, muitas vezes, pessoas que na realidade pertencem às mais abjetas, segundo as leis da Criação. Há muitos atos que vós, em vossa estreiteza de coração, considerais, sem mais nem menos, impuros e que, no entanto, são limpidamente deslumbrantes, ao passo que muito daquilo que vós imaginais como puro é impuro.

(Uma nova lei • vol. 3)

*S*ER *forte* é *diferente* e *mostra-se* diferente. O forte segue seu caminho no meio de quaisquer perigos, firme e imutável. Não se deixa derrubar e, por si próprio, não se desvia, mas conhece e vê seu elevado alvo, cuja consecução lhe é mais valiosa do que tudo o mais que se lhe queira oferecer.

(Uma nova lei • vol. 3)

"CUIDAI *direito* dos bens confiados a vós na Terra, aos quais se inclui também o corpo terreno. Nunca deixeis que prazeres se tornem pendores, assim permaneceis livres de cadeias que vos mantêm embaixo."

(Uma nova lei • vol. 3)

Dever e convicção íntima devem sempre estar *de acordo* um com o outro. É errado um ser humano empenhar a vida no cumprimento de um dever que ele intimamente não pode reconhecer como certo!

Somente na concordância entre a convicção e o dever, cada sacrifício ganha realmente valor. Mas se a criatura humana empenha a sua vida no cumprimento de um dever, *sem* convicção, rebaixa-se então a um soldado venal, que luta a serviço de outrem por causa de dinheiro, semelhante aos mercenários. Dessa forma, tal maneira de lutar se torna assassínio!

(Dever e fidelidade • vol. 3)

Entregai-vos ao original e *verdadeiro senso de beleza* e nunca podereis errar, pois ele está ligado às leis primordiais da Criação, é a expressão de um saber ainda oculto sobre a perfeição, um indicador de caminho infalível para cada *espírito,* pois unicamente todo o *espiritual,* nesta Criação posterior, tem a faculdade de reconhecer, numa bem determinada maturidade, a verdadeira beleza com consciência plena!

(Beleza dos povos · vol. 3)

O SER humano não deve esquecer que Deus também é a própria *justiça* em intangível perfeição! Quem duvidar disso peca contra Deus e blasfema contra a perfeição!

(Está consumado! • vol. 3)

ASSIM como Deus é o amor, Ele é também a justiça viva! Ele *é,* sim, a lei! Assimilai, finalmente, esse fato e colocai-o agora como base para sempre em todo o vosso pensar. Então jamais perdereis o caminho certo para a convicção da grandeza de Deus, e a *reconhecereis* em vosso redor, bem como na observação da vida cotidiana!

(Está consumado! • *vol. 3)*

V ÓS todos que vos tendes na conta de fiéis a Deus, examinai se a vossa fé, que trazeis em vós, é realmente a *certa!* Não me refiro com isso *de que forma* acreditais, se como católico ou protestante, como budista ou maometano, ou de qualquer outra forma, *eu me refiro a vossa maneira* de crer, até que ponto ela é *viva!*

(O reconhecimento de Deus • vol. 3)

SOMENTE nas próprias leis da Criação, outorgadas por Deus, pode o espírito humano chegar ao reconhecimento de Deus. E ele precisa impreterivelmente desse reconhecimento para a sua ascensão! Só nisso obterá *aquele* apoio, que lhe permite trilhar inabalavelmente o caminho prescrito e útil a ele para o aperfeiçoamento! Não diferentemente!

(O reconhecimento de Deus • vol. 3)

O SABER *total* da Criação é necessário para chegar por fim a uma noção da grandeza de Deus e com isso, finalmente, também ao verdadeiro reconhecimento de Deus!

(O reconhecimento de Deus • vol. 3)

APRENDEI agora finalmente a conhecer a construção desta Criação, na qual habitais e a qual tendes de percorrer em parte, para que não mais continueis nela como um corpo estranho. Com o reconhecimento tornando-se então cada vez mais forte, obtereis também *aquela* humildade de que precisais para ainda receber o último, o grande: a dádiva de poder existir eternamente!

(Na oficina de matéria grosseira dos enteais · vol. 3)

O MÚLTIPLO valor de necessidade de tudo o que se encontra na Criação outorga sempre, *de alguma* maneira, a possibilidade de tornar a ascender, mesmo no maior caos causado pelos seres humanos. Se a alma reconhece e utiliza essas possibilidades é assunto *seu*, exclusivamente. As boias de salvação estão aí! Basta que a alma as agarre com boa vontade para nelas se reerguer!

(Peregrina uma alma… • vol. 3)

Não é sem fundamento que um tagarela não goza de confiança, mesmo quando é inofensivo, mas apenas aquele *que sabe ficar calado*. Há tanta coisa no instintivo temor pelos tagarelas, que cada ser humano devia tornar-se atento, a fim de tirar ensinamentos para as próprias relações com o seu próximo.

(Possesso • vol. 3)

S E PRINCIPIARDES o vosso dia com um verdadeiro sentimento intuitivo de gratidão para com Deus e com igual sentimento de gratidão também o findardes, e mesmo que se trate de agradecimento apenas pelo ensinamento recebido nesse dia através da vivência, então vivereis certo! Deixai surgir cada *trabalho,* através da aplicação e do cuidado, tal qual uma oração de agradecimento, deixai que cada palavra que proferis reflita o amor que Deus vos concede, assim a existência nesta Terra tornar-se-á logo uma alegria para todo aquele a quem é permitido viver sobre ela.

(Pedi, e dar-se-vos-á! • *vol. 3)*

UMA criança, que ama verdadeiramente seus pais, prova em *seu modo de ser* esse amor, através do comportamento, e não com palavras bajuladoras, que em muitos casos são apenas a expressão de insinuante vaidade, quando não se trata de mero desejo de um egoísmo. Os assim chamados bajuladores raramente valem alguma coisa; pensam sempre em si e na satisfação de seus próprios desejos.

Não diferentemente vos encontrais perante vosso Deus! Provai com atos o que lhe quereis dizer!

(Pedi, e dar-se-vos-á! · *vol. 3)*

A ORAÇÃO e o pedido devem significar *duas coisas* para vós, pois a oração pertence à adoração, ao passo que o pedido não pode pertencer a ela, se é que quereis realmente orientar-vos de acordo com o sentido.

(Pedi, e dar-se-vos-á! • *vol. 3)*

A GRATIDÃO acha-se estreitamente ligada à alegria! Ela própria é uma expressão da mais pura alegria. Onde, portanto, a alegria não constitui a base, onde o impulso alegre não é a causa para o agradecimento, aí está *falsamente* empregada a expressão gratidão, aí se abusa dela!

(Agradecimento · vol. 3)

O AGRADECIMENTO realmente intuído é um *valor de compensação* desejado por Deus, que proporciona o equivalente àquele a quem cabe o agradecimento, em obediência à lei da compensação necessária nesta Criação, que só pode ser conservada e beneficiada pela harmonia, que se encontra no cumprimento de todas as leis primordiais da Criação.

(Agradecimento • vol. 3)

TRANSFORMAI tudo o que pensais e fazeis num *servir* a Deus! Então vos sobrevirá *aquela* paz pela qual ansiais. E quando os seres humanos vos afligirem pesadamente, seja por inveja, maldade ou baixos costumes, tereis a paz *dentro* de vós para sempre, e ela ajudar-vos-á, finalmente, a vencer todas as dificuldades!

(Natal • vol. 3)

ÉDITO: "Velai e orai para não *cairdes* em tentação!" Velar e orar é, portanto, uma proteção diante da *queda,* mas não exclui aqui no meio das trevas a aproximação das tentações, que, se vossa disposição estiver certa, só podem fortalecer-vos e inflamar vosso espírito para um maior ardor, devido à pressão da necessária resistência, trazendo-vos, portanto, grande proveito.

(Não caiais *em tentação!* • *vol. 3)*

TAMBÉM a respeito da bem-aventurança todos os seres humanos fizeram até agora uma ideia errada. Ela reside tão só na radiante alegria do trabalho abençoado, e não acaso na inatividade preguiçosa e nos prazeres ou como, de modo astuto, o errado é acobertado com a expressão "*dolce* far niente".

(Vê o que te é útil! • *vol. 3)*

TENDES de ativar o espírito, despertá-lo dentro de vós, para reconhecer a vontade de Deus e ouvir o que Ele exige de vós, pois somente a Ele, e a ninguém mais, o ser humano se encontra submisso desde os primórdios, a Ele tem de prestar contas agora de tudo quanto fez na parte da Criação que lhe foi emprestada como pátria.

(Vê o que te é útil! · *vol. 3)*

Só as trevas podem manifestar-se raivosamente, jamais a Luz, que sempre mostra serena pureza e reflexão cheia de paz, na força consciente do elevado saber.

Por conseguinte, onde quer que no ser humano ainda possa *manifestar-se* a raiva, aí ainda há fraquezas a serem extirpadas, um tal espírito ainda pode sucumbir aos ataques das trevas ou servir-lhes de instrumento. Ele não é "esclarecido", ainda não está suficientemente purificado.

(Vê o que te é útil! · vol. 3)

NÃO penseis que a onisciência de Deus deve conhecer os vossos pensamentos e saber como passais terrenalmente. O atuar de Deus é muito diferente, maior e mais abrangente. Deus abrange com a Sua vontade tudo, mantém tudo, beneficia tudo através da lei viva que proporciona a cada um *aquilo* que merece, isto é, aquilo que cada um teceu para si.

(Onisciência • vol. 3)

J Á HÁ anos a humanidade fala de modo estranho da *transformação universal* que deverá vir, e nisso tem excepcionalmente razão. A transformação, porém, já está aí! A humanidade encontra-se em pleno acontecimento de alcance universal, que ela ainda espera, não o percebendo porque *não quer*.

(Onisciência · vol. 3)

OU O ESPÍRITO humano se esforça para alcançar o saber, ou permanece parado, o que equivale para ele ao começo da desintegração, devido à imprestabilidade por superamadurecimento inerte de um espírito humano parado, que não sabe mais usar direito a força da Luz que nele se acumula. Assim, aquilo que pode *ajudar*, e que ajudaria, torna-se para ele destruição, como qualquer energia erradamente aplicada.

Deus é o Senhor, *tão somente Ele*, e quem não quiser reconhecê-lo com humildade, assim como Ele realmente *é*, e não conforme *vós* o *imaginais*, esse não poderá ressurgir para a nova existência.

(Onisciência • vol. 3)

Vós, porém, que sinceramente quereis lutar por vós, não esqueçais jamais que vos encontrais nas *trevas,* onde uma boa vontade é imediatamente atacada. Também os que estão em torno de vós procurarão depressa fazer valer direitos, quando ousardes desligar-vos deles. Mesmo que antes jamais alguém se tenha preocupado com o que a vossa alma queria, mesmo que ninguém tenha prestado atenção se ela já estava perto de morrer de fome e sede, mesmo que ninguém se tenha mostrado disposto a confortar-vos… no momento em que ousardes pôr o pé no único e verdadeiro caminho para a libertação de vós próprios, *aí* de repente eles se manifestam, para que vós não os abandoneis.

(A guardiã da chama • vol. 3)

A EXPRESSÃO "Tornai-vos como as crianças!" não quereis cumprir, e assim resta para a vossa salvação, como último de todos os auxílios, somente aquele único caminho: o *saber* da Criação!

Dela tendes de ter pelo menos tanto conhecimento, que fiqueis capacitados a ajustar-vos ao vibrar consoante às leis, que, erguendo, vos eleva consigo ou, destruindo, vos lança fora, para longe, como debulho, na decomposição.

(Visão geral da Criação · vol. 3)

Esforçai-vos, criaturas humanas terrenas, para poder ingressar plenamente maduras no reino do espírito! Com isso então vos reunireis *àqueles* que puderam se desenvolver no espiritual, sem precisar primeiro mergulhar nas matérias.

Então também não sereis menos fortes do que aqueles, pois tereis vencido muitos obstáculos e no esforço desse vencer vos transformastes em chama! Haverá então alegria com relação a vós, como já está indicado na parábola do filho pródigo.

(Germes espirituais • vol. 3)

S E OS SERES humanos terrenos servissem *direito,* vibrando na vontade de Deus, a Terra em si seria uma cópia harmoniosa, se bem que grosseira, da Criação. Só devido à degeneração dos seres humanos é que não pôde tornar-se assim até agora.

(Germes enteais • vol. 3)

Dou-vos com as palavras da minha Mensagem as caixas de montagem completas, com as mais bem lapidadas pedras preciosas, para que vós mesmos possais montar. Elas foram previamente moldadas para tudo quanto precisardes. Mas unicamente vós é que deveis executar a montagem, pois assim é desejado!

(O círculo do enteal • vol. 3)

A MISÉRIA, o desespero e o extermínio são sempre o efeito recíproco, consentâneo com as leis da Criação, de uma atuação errada, não sendo isso finalmente tão difícil de compreender, bastando que se *queira!* Nisso repousa uma lógica tão simples e clara, que mais tarde mal podereis compreender como foi possível não perceber semelhante coisa e não atentar nisso rigorosamente, a fim de não somente poupar-se de todos os sofrimentos, como até transformá-los em alegrias.

(Os planos espírito-primordiais II • vol. 3)

O SER humano tem de se mexer, se quiser atingir as alturas luminosas. O Paraíso espera-o, mas não desce até ele, se ele não anseia atingi-lo. Todavia, ansiar não significa unicamente pensar, pedir, mendigar, conforme fazeis hoje; ansiar significa *agir, movimentar-se,* a fim de chegar até lá!

(Epílogo: como assimilar a Mensagem • vol. 3)

Somente quando vos esforçardes em viver de acordo com a lei divina do movimento harmonioso, então a Palavra poderá tornar-se viva em vós, a fim de fazer-vos subir às alturas luminosas, que são a vossa verdadeira pátria. Antes, porém, destruí todas as muralhas que a preguiça de vosso espírito, durante milênios, consolidou tão firmemente em redor de vós, que atrofiou e prendeu as vossas asas espirituais, a ponto de bastar-vos o dogma rígido e morto, sim, de até parecer-vos grande, e com o qual vós hoje, *somente* de forma vazia, procurais servir *aquele* Deus, que é a própria *vida!*

(Epílogo: como assimilar a Mensagem • vol. 3)

*A*SSIM vos dei a minha Mensagem, que contém *tudo,* mas que vos obriga a *colaborar pessoalmente nisso!* Ela não se deixa assimilar indolentemente como acabada, mas sim, para cada uma de vossas perguntas, vós mesmos tendes de compor e alcançar o quadro completo, esforçando-vos nisso.

Essa é a particularidade *da Palavra viva,* que vos orienta e educa, e que força o vosso espírito ao movimento!

(O círculo do enteal · vol. 3)

NA LUZ DA VERDADE
Mensagem do Graal de Abdruschin

Obra editada em três volumes, contém esclarecimentos a respeito da existência do ser humano, mostrando qual o caminho que deve percorrer, a fim de encontrar a razão de ser de sua existência e desenvolver todas as suas capacitações.

Seguem-se os assuntos contidos nesta obra:

DISSERTAÇÕES CONTIDAS NO VOLUME 1

Introdução
1. Que procurais?
2. O clamor pelo guia
3. O anticristo
4. Moralidade
5. Despertai!
6. O silêncio
7. Ascensão
8. Culto
9. Enrijecimento
10. Infantilidade
11. Castidade
12. O primeiro passo
13. O mundo
14. A estrela de Belém
15. A luta
16. A moderna ciência do espírito
17. Caminhos errados
18. O que separa hoje tantos seres humanos da Luz?
19. Era uma vez…!
20. Erros
21. A palavra humana
22. A mulher da Criação posterior
23. Submissão
24. Indolência do espírito
25. O ser humano terreno diante de seu Deus

26. Tudo quanto é morto na Criação deve ser despertado para que se julgue!
27. O Livro da Vida
28. O reino de Mil Anos
29. Uma palavra necessária
30. O grande cometa
31. O Mestre do Universo
32. O Estranho
33. Salvação! Libertação!
34. A Fala do Senhor

DISSERTAÇÕES CONTIDAS NO VOLUME 2

1. Responsabilidade
2. Destino
3. A criação do ser humano
4. O ser humano na Criação
5. Pecado hereditário
6. Deus
7. A voz interior
8. A religião do amor
9. O Salvador
10. O mistério do nascimento
11. É aconselhável o aprendizado do ocultismo?
12. Espiritismo
13. Preso à Terra
14. A abstinência sexual beneficia espiritualmente?
15. Formas de pensamentos

16. Vela e ora!
17. O matrimônio
18. O direito dos filhos em relação aos pais
19. A oração
20. O Pai Nosso
21. Adoração a Deus
22. O ser humano e seu livre-arbítrio
23. Seres humanos ideais
24. Lançai sobre ele toda culpa
25. O crime da hipnose
26. Astrologia
27. Simbolismo no destino humano
28. Crença
29. Bens terrenos
30. A morte
31. Falecido
32. Milagres
33. O batismo
34. O Santo Graal
35. O mistério Lúcifer
36. As regiões das trevas e a condenação
37. As regiões da Luz e o Paraíso
38. Fenômeno universal
39. A diferença de origem entre o ser humano e o animal
40. A separação entre a humanidade e a ciência
41. Espírito
42. Desenvolvimento da Criação

43. Eu sou o Senhor, teu Deus!
44. A imaculada concepção e o nascimento do Filho de Deus
45. A morte do Filho de Deus na cruz e a Ceia
46. Desce da cruz!
47. Esta é a minha carne! Este é o meu sangue!
48. Ressurreição do corpo terreno de Cristo
49. Conceito humano e vontade de Deus na lei da reciprocidade
50. O Filho do Homem
51. A força sexual em sua significação para a ascensão espiritual
52. Eu sou a ressurreição e a vida; ninguém chega ao Pai, a não ser por mim!
53. Matéria grosseira, matéria fina, irradiações, espaço e tempo
54. O erro da clarividência
55. Espécies de clarividência
56. No reino dos demônios e dos fantasmas
57. Aprendizado do ocultismo, alimentação de carne ou alimentação vegetal
58. Magnetismo terapêutico
59. Vivei o presente!
60. O que tem o ser humano de fazer para poder entrar no reino de Deus?
61. Vês o argueiro no olho de teu irmão e não atentas para a trave no teu olho
62. A luta na natureza

63. Efusão do Espírito Santo
64. Sexo
65. Pode a velhice constituir um obstáculo para a ascensão espiritual?
66. Pai, perdoai-lhes, pois não sabem o que fazem!
67. Deuses – Olimpo – Valhala
68. Criatura humana
69. E mil anos são como um dia!
70. Intuição
71. A vida

DISSERTAÇÕES CONTIDAS NO VOLUME 3

1. No país da penumbra
2. Cismadores
3. Mártires voluntários, fanáticos religiosos
4. Servos de Deus
5. Instinto dos animais
6. O beijo de amizade
7. A ferramenta torcida
8. A criança
9. A missão da feminilidade humana
10. Onipresença
11. Cristo falou…!
12. Lei da Criação: "movimento"
13. O corpo terreno
14. O mistério do sangue
15. O temperamento

16. Vê, criatura humana, como tens de caminhar através desta Criação, para que fios de destino não impeçam, mas auxiliem tua ascensão!
17. Uma nova lei
18. Dever e fidelidade
19. Beleza dos povos
20. Está consumado!
21. No limite da matéria grosseira
22. O reconhecimento de Deus
23. O nome
24. O enteal
25. Os pequenos enteais
26. Na oficina de matéria grosseira dos enteais
27. Peregrina uma alma…
28. Mulher e homem
29. Almas torcidas
30. O guia espiritual do ser humano
31. Fios de Luz sobre vós!
32. A Rainha primordial
33. O circular das irradiações
34. Evitai os fariseus!
35. Possesso
36. Pedi, e dar-se-vos-á!
37. Agradecimento
38. Faça-se a Luz!
39. Inenteal
40. Natal
41. Não *caiais* em tentação!

42. Conceito de família
43. Doce lar
44. Fiéis por hábito
45. Vê o que te é útil!
46. Onisciência
47. O sexo fraco
48. A ponte destruída
49. A guardiã da chama
50. Visão geral da Criação
51. Alma
52. Natureza
53. Germes espirituais
54. Germes enteais
55. O círculo do enteal
56. Os planos espírito-primordiais I
57. Os planos espírito-primordiais II
58. Os planos espírito-primordiais III
59. Os planos espírito-primordiais IV
60. Os planos espírito-primordiais V
61. Os planos espírito-primordiais VI
62. Os planos espírito-primordiais VII
63. Epílogo: como assimilar a Mensagem

AO LEITOR

A Ordem do Graal na Terra é uma entidade criada com a finalidade de difusão, estudo e prática dos elevados princípios da Mensagem do Graal de Abdruschin "NA LUZ DA VERDADE", e congrega as pessoas que se interessam pelo conteúdo das obras que edita. Não se trata, portanto, de uma simples editora de livros.

Se o leitor desejar uma maior aproximação com as pessoas que já pertencem à Ordem do Graal na Terra, em vários pontos do Brasil, poderá dirigir-se aos seguintes endereços:

Por carta:
ORDEM DO GRAAL NA TERRA
Rua Sete de Setembro, 29.200 – CEP 06845-000
Embu das Artes – SP – BRASIL

Por telefone:
(11) 4781-0006

Por e-mail:
graal@graal.org.br

Internet:
www.graal.org.br

Correspondência e pedidos

ORDEM DO GRAAL NA TERRA

Rua Sete de Setembro, 29.200 – CEP 06845-000
Embu das Artes – SP – BRASIL
Fone e Fax: 11 4781-0006
www.graal.org.br
graal@graal.org.br

Fonte: Adobe Garamond Pro
Papel: Pólen Soft 80g/m^2
Tiragem: 1.200 unidades
Impressão: Corprint Gráfica e Editora Ltda.